DR. PREN
Y EL ATAQUE DE LOS DE LOS GÉRMENES

MÁXIMO CÉSAR CASTELLANOS

EDITORIAL RAMY

Georgetown, Delaware

Editorial Ramy
Georgetown, Delaware

Nota del editorial: Esta es una obra de ficción. Los nombres, personajes, lugares e incidentes son producto de la imaginación del autor. Los lugares y los nombres públicos a veces se usan con fines atmosféricos. Cualquier parecido con personas reales, vivas o muertas, o negocios, empresas, eventos, instituciones o lugares es una coincidencia.

Diseño de libro © BookDesignTemplates.com
Cubierta diseñada por Rafido

DR. PREN Y EL ATAQUE DE LOS GÉRMENES
Máximo César Castellanos
Primera edición, 2021
ISBN 978-0-578-94972-7
Impreso en los Estados Unidos de América

Contenido

UN DÍA EN EL TRABAJO 1

LAS MASCOTAS 5

EL ROBO 19

EL JUICIO 29

EL ATAQUE DE LOS GÉRMENES 37

EN LA OSCURIDAD 47

EL HURACÁN 61

EL ESCONDITE SECRETO 71

LA DERROTA 83

EL ENCUENTRO 91

Este libro está dedicado al Señor Mark J. Record

por toda su motivación y apoyo.

"Aquel que es difícil de complacer,

puede que al final no obtenga nada."

CAPÍTULO UNO

....

UN DÍA EN EL TRABAJO

En un principio, todo era rojo. Lo rojo se convirtió en vino. El vino era vertido en una copa.

Jorge estaba dormido en su sillón cuando de repente los rayos del sol cubrieron su rostro. Jorge despertó de inmediato. Llegaré tarde al trabajo, pensó. Jorge salió corriendo de su casa tan rápido que no notó la presencia del cartero y chocó con él. Toda la correspondencia salió volando por el aire. Jorge se disculpó con el cartero y se fue. En camino a su trabajo, Jorge agarró una pieza de pan y le tiró una moneda al panadero mientras pasaba por la panadería. Minutos más tarde, Jorge llegó a la cantina.

"Pero mira quién es, el señor pierde apuestas," dijo una anciana. Entonces, ella tomó la copa y bebió el vino rojo.

"Recuerda que tienes que pagar la apuesta o perderás tu vida. Lo bueno es que Don Ponanso te dio hasta el sábado para averiguar todo acerca de la vida de Dr. Pren," dijo su patrón.

"Todavía hay esperanza. Dr. Pren me aseguró que me contaría todo acerca de su vida para el sábado," dijo Jorge.

"Creo que llamaré a la funeraria," dijo la anciana riéndose.

"Están equivocados. Dr. Pren es un gran hombre. Él salvó al mundo de una destrucción total," dijo Jorge.

"¿Estás seguro? Yo no he oído nada acerca de él," dijo su patrón.

"¿Quieres tomar algo? Digo, mientras que todavía estás vivo," dijo su patrón riéndose.

"Cállense," dijo Jorge.

"¿Por qué? Mira en que lio te has metido por ser tan curioso," dijo su patrón, "¿No has oído el dicho, 'la curiosidad mató al gato'?"

Las burlas continuaron por el resto del día.

"Creo que debería poner un cartel que diga, 'Se Solicita Empleado'," dijo su patrón.

"¡Ya basta!" gritó Jorge, "Si no me dejan en paz, renunciaré."

"¿Quieres apostar?" preguntó su patrón riéndose.

Jorge salió de la cantina y cerró la puerta de golpe.

"Regresa. Nos estábamos divirtiendo," gritó su patrón.

Jorge miró su reloj. Era tiempo de visitar a Dr. Pren. Jorge cruzó la calle y tocó la puerta de la pequeña cabaña. La puerta se abrió.

"Estás de regreso," dijo Dr. Pren.

"Pues, no me ha contado todo acerca de su vida," dijo Jorge.

"¿Quieres escuchar más acerca de mi vida?" preguntó Dr. Pren.

"¿Por qué cree que estoy aquí?" preguntó Jorge.

"Bueno, en que nos quedamos . . . ahora recuerdo," dijo Dr. Pren, *"Yo tenía nueve años de edad y me había ido a vivir con otra familia . . ."*

CAPÍTULO DOS

....

LAS MASCOTAS

*C*omo te dije ayer, había tres niños en la familia, Carlos, Elías, y Jay. No eran gente mala. Vivíamos en un departamento pequeño en la ciudad. Los tres niños estaban rara vez en casa y nunca me decían a donde iban. Yo continué trabajando todos los días en crear una mascota viviente. Pero como puedes imaginar, sin tener mucho éxito. De vez en cuando pensaba en los Thups, mis padres adoptivos. *"¿Cuándo vendrán por mí?"* me preguntaba. Así fue mi vida hasta que cumplí 17 años.

Cuando Elías cumplió 20 años, su padre le regaló una camioneta. Los *muchachos la usaron mucho el primer mes, pero la dejaron de usar repentinamente y la escondieron detrás del edificio de departamentos en donde vivíamos. Como nadie usaba la camioneta, decidí esconder una ballesta pequeña y un contenedor en la camioneta. El contenedor tenía la fórmula que yo había creado para destruir a Xephermous cuando tenía seis años de edad. La fórmula podía destruir cualquier cosa.*

Un día, mientras caminaba detrás de un mercado de animales cerca de donde vivíamos, vi a unas personas desechando partes de animales en un basurero. Decidí recoger un corazón que habían desechado y usarlo para crear mi mascota. Continúe regresando al mercado de animales por más partes de animales. Crear una mascota se había vuelto un trabajo muy asqueroso.

Finalmente, un día pude crear una mascota pequeña y tierna. La mascota era una bola peluda morada con ojitos adorables y bracitos y piernitas de color gris. Era un sueño hecho realidad. Yo estaba a punto de abrazarla cuando de repente, explotó.

En ese momento, oí las sirenas de unas patrullas. De inmediato, los tres muchachos entraron en la habitación. Todos tenían mascaras puestas.

"¿Qué sucede?" pregunté.

"Nunca te lo habíamos dicho, pero nosotros somos grafiteros," dijo Jay.

"¿Qué es eso?" pregunté.

"Básicamente somos artistas. Nosotros expresamos nuestras emociones a través de pinturas en cualquier muro de la ciudad, pero nuestro arte no es apreciado por todas las personas," dijo Carlos.

"Suena interesante. ¿Pueden enseñarme?" pregunté.

"Por supuesto, pero tendrás que esperar hasta mañana," dijo Carlos.

"De acuerdo," dije.

Al día siguiente, antes de salir con los muchachos, fui a la camioneta, vertí un poco de la fórmula en la ballesta pequeña, y la guardé en uno de los bolsillos de mi pantalón. Quería estar preparado en caso de que tuviera un problema.

Una vez listo, fui con los muchachos para aprender como hacer grafiti y expresar mis emociones. Encontramos un lugar perfecto. Era un muro enorme detrás de un edificio. Todos empezamos a pintar en el muro con pinturas en aerosol. Me sentía todo un grafitero con latas de pintura en aerosol en mis manos. Pero no entendía porque teníamos que usar máscaras todo el tiempo. Entonces, un día estaba pintando un muro cuando oí una voz.

"Deja la lata de pintura en aerosol en el suelo y voltea lentamente," dijo la voz.

Dejé la lata de pintura en aerosol en el suelo y al voltear vi que era un policía. Noté que los muchachos habían desaparecido. El policía me subió a su patrulla.

"Tu nombre," dijo el policía.

"Dr. Pren," dije.

"Tu nombre completo," dijo el policía.

"Dr. Pren," volví a decir.

"No estoy jugando," dijo el policía.

"Yo tampoco," dije.

El policía agarró mi mano, tomó mis huellas digitales con un aparato, e intentó encontrar información acerca de mí en su base de datos.

"¡Increíble! Parece ser que tus huellas digitales nunca han sido registradas en el sistema," dijo el policía.

"¡Qué bueno!" dije.

"¿Tienes una identificación?" preguntó el policía.

"¿Qué es eso?" pregunté.

"Algo que dice quién eres," dijo el policía.

"¡Yo qué sé!" dije.

"Muchacho, ¿quieres decir que no existe un documento que indique quién eres tú?" preguntó el policía.

"No lo sé," dije.

"Sabes, esto significa que puedes ir a donde quieras, puedes hacer lo que quieras y nadie lo sabría," dijo el policía.

"Desafortunadamente para ti, ahora ya tengo tus huellas digitales. Cuando presione este botón, tu información será cargada en nuestra base de datos. De ahora en adelante, si haces algo indebido, sabremos que tú lo hiciste."

En ese momento, recordé que traía conmigo mi arma más preciada. Metí mi mano en el bolsillo de mi pantalón y saqué la ballesta pequeña. Le apunté al dedo del policía y disparé la fórmula antes de que el policía presionara el botón.

La mano del policía se empezó a transformar en cenizas. Enseguida, disparé al piso de la patrulla para poder escapar. De inmediato, el policía y la patrulla se transformaron en cenizas por completo. Ahora yo me encontraba sentado en medio de un montón de cenizas en la calle.

"¿Cómo fue que sucedió eso?" preguntó Jay mientras salía de la sombra de un callejón acompañado de sus hermanos.

"Usé un arma que inventé cuando era pequeño," dije.

"Para ser claros, tú siempre nos caíste bien," dijo Elías.

"No hay de que asustarse," dije.

"¿Deberíamos regresar a casa?" preguntó Carlos.

"Regresemos," dijo Elías.

Al llegar a casa, decidí trabajar en mi mascota de nuevo.

"Oye, nunca nos has dicho en que estás trabajando," dijo Jay.

"Estoy tratando de crear una mascota viviente," dije.

"¿No sería más fácil comprar una en la tienda de mascotas?" preguntó Elías.

"Tal vez, pero esta mascota va a ser especial y diferente a cualquier otra," dije.

"¿De dónde sacaste las cosas para crear tu mascota?" preguntó Carlos.

"Empecé recogiendo un corazón que habían desechado detrás del mercado de animales y se lo puse a mi mascota," dije.

"¿Quieres decir que has tomado partes de cuerpos desechadas de ese mercado de animales?" preguntó Jay.

"Claro, ¿de dónde más sacaría partes reales de animales?" pregunté.

"¿Sabes que esas partes de animales pueden estar infectadas?" preguntó Carlos.

"No me importa," dije.

Estaba a punto de crear otra mascota. Le di una descarga eléctrica a su corazón. Inmediatamente, el corazón de mi mascota empezó a latir y unos segundos después, empezó a respirar. Entonces, noté que un dedo de su mano se movía. Parpadeó y después se nos quedó mirando. Comenzó a levantarse lentamente y luego se sentó. La abrasé y salté de alegría.

"Te llamaré Gilberto," dije.

Durante los siguientes días le enseñamos a Gilberto como andar y hacer trucos. Tiempo después, pensé, ya que tuve éxito creando una mascota, con certeza podría crear otra.

Mi segunda mascota también sería peluda como Gilberto, pero sería blanca en lugar de ser purpura. Sus brazos y piernas serian azules en lugar de ser grises para poder distinguirla de Gilberto.

Un día, estaba trabajando en mi mascota nueva cuando vi a Gilberto llegar con un cerebro gigante. No sabía de donde lo había sacado, pero decidí usarlo para crear mi mascota nueva.

Esta vez pude crear mi segunda mascota con vida en tan sólo unos días. Mi mascota nueva era la versión femenina de Gilberto. La llamé Patty.

Yo no lo sabía entonces, pero el corazón de Gilberto estaba infectado. La infección comenzó a cambiar a Gilberto. Después de unos días de jugar con Gilberto y Patty, decidí ir de nuevo con los muchachos a pintar los muros de la ciudad. Unos días jugaba con mis mascotas y otros días salía con los muchachos a pintar los muros de la ciudad. Finalmente, los muchachos me aceptaban y me incluían en sus actividades. Por fin, tenía mis propias mascotas y sentía el amor incondicional que solamente las mascotas te pueden dar.

Pero todo cambió un día. Después de ir a pintar por un rato con los muchachos, regresé a casa. No encontraba a Gilberto ni a Patty por ningún lugar. Finalmente, los encontré en el techo del edificio en donde vivíamos.

"Gracias a DIOS que están bien. No deberían de estar aquí," dije.

"Aléjate, humano," dijo Gilberto.

"No sabía que podías hablar," dije.

"Veo que no sabes mucho porque tampoco sabes que nos tienes que alimentar," dijo Gilberto.

"Tienes razón. Lo olvidé por completo. ¿Por qué no bajamos? Les daré un poco de elote," dije.

"Nosotros no comemos elote," dijo Gilberto.

"¿Qué comen?" pregunté.

"La salud de la gente," dijo Gilberto.

"No entiendo," dije.

"Yo no soy la mascota que pensaste haber creado. Yo soy un germen," dijo Gilberto. "Yo absorbo la salud de las personas y la reemplazo con una enfermedad."

"¿Patty también es un germen?" pregunté.

"No lo es, pero gracias al cerebro enorme que pusiste en ella, Patty puede controlar el clima," dijo Gilberto.

"¿Qué planean hacer?" pregunté.

"Crecer," dijo Patty sonriendo.

Saqué mi ballesta y le disparé la fórmula a Patty. Patty invocó un rayo. El rayo cayó justo enfrente de ella bloqueando la fórmula. El rayo se transformó en cenizas. No sé como ella creció tanto, pero Patty estaba casi tan alta como yo. Estaba a punto de dispararle la fórmula de nuevo cuando Patty saltó del techo y desapareció.

Gilberto caminó hacia mí. Mi cuerpo se estremecía mientras pensaba que

Gilberto iba a absorber mi salud. Apunté mi ballesta hacia Gilberto. Estaba a punto de dispararle cuando noté que mi ballesta se había quedado sin fórmula. Salí corriendo rápidamente, bajé las escaleras, y me dirigí hacia la camioneta.

Al llegar al estacionamiento, la camioneta había desaparecido. Corrí hacia la calle y vi a una grúa llevándosela. Salí corriendo tras la grúa porque la única fórmula que quedaba en el mundo estaba en esa camioneta. Perseguí a la grúa hasta las afueras de la ciudad. La grúa seguía yendo más y más lejos. Creo que perdí algo de peso ese día por correr muchísimo. Finalmente, la grúa llegó a un pueblo muy lejano de la ciudad.

Perseguí a la grúa hasta un corralón. Me acerqué a la ventana de la oficina y oí a unas personas planeando robar más carros para luego venderlos. Fui hacia la camioneta y traté de quitarle las cadenas que la ataban a la grúa mientras las personas discutían el precio de la camioneta. No pude quitarle las cadenas a la camioneta. Entonces, tuve una idea.

Llené mi ballesta con la fórmula y le disparé a las cadenas. Las cadenas se transformaron en cenizas. En ese momento, me di cuenta de que alguien estaba detrás de mí.

CAPÍTULO TRES

·······························

EL ROBO

"*¿Por qué estás robando nuestra camioneta?" preguntó uno de los ladrones.*

"Esta camioneta es de Elías. Ustedes se la robaron a él," dije.

"Tú sólo eres un bebé, nadie te creerá," dijo el ladrón.

"Llamaré a la policía," dije.

"Yo soy un oficial de policía. Si llamas a la policía, mi teléfono sonará y no te ayudaré," dijo el ladrón.

No sabía que hacer, así que miré por todas partes. Entonces, tuve una idea. Agarré una piedra del piso y se la lancé al ladrón. La piedra pasó justo al lado de la cara del ladrón.

"Fallaste," dijo el ladrón.

La piedra golpeó una cubeta llena de agua y la tiró. El agua se derramó por todas partes y mojó unos cables que estaban en el piso causando un corto circuito el cual inició un incendio. Las flamas incendiaron un barril que estaba cerca de los cables. El incendio se hizo más grande, despidiendo aire caliente hacia el techo.

El aire caliente empujó hacia arriba un avión de juguete que estaba colgando de un hilo en el techo. El avión de juguete comenzó a girar. Cuanto más aire caliente despedía el incendio, más rápido giraba el avión de juguete. El avión de juguete giró tan rápido que una de sus alas cortó el hilo que sujetaba un martillo colgado del techo. El martillo cayó sobre una caja de navajas. Las navajas salieron disparadas por el aire cortando más hilos que sujetaban otros martillos en el techo. Ya que los martillos estaban justo por encima de los ladrones, *cayeron sobre las cabezas de los ladrones, dejándolos inconscientes.*

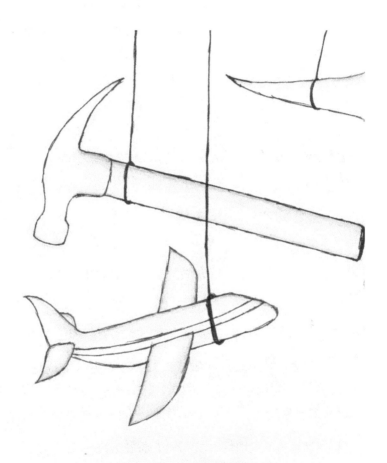

"Gracias por haber decorado el taller de esta manera," dije.

Entonces, vi a otras personas corriendo hacia mí. Justo antes de que me agarraran, todas cayeron al piso inconscientes. Detrás de las personas se encontraban 2 mujeres.

"¿Te acuerdas de mí, Dr. Pren?" preguntó una de las mujeres. Ella tenía el cabello amarillo y era muy delgada.

"¿Fuiste tú esa fan que me pidió mi autógrafo hace unos años?" pregunté.

"Yo nunca pediría el autógrafo de un idiota," dijo la mujer.

"Entonces, ¿Quién eres?" pregunté.

"Soy Alicia. ¿No te acuerdas que te ayudé a salvar al mundo y luego tomaste todo el crédito?" preguntó Alicia.

"Yo no tomé todo el crédito. Yo fui quien salvó al mundo mientras tú llorabas en un armario," dije.

"Esa es la gran mentira que inventaste. Esperaba algo mejor de ti. Ya no importa," dijo Alicia.

"Esta es mi amiga Wanda," dijo Alicia.

Miré a Wanda. Era un poco más baja que Alicia y tenía cabello negro.

"¿Qué hacen aquí?" pregunté.

"¿Qué es lo que parece? Salvándote la vida," dijo Alicia.

"Pero ¿cómo sabían que yo iba a estar aquí?" pregunté.

"Eso no importa. Lo importante es que nos digas contra que nos enfrentamos esta vez," dijo Alicia.

"Nos enfrentamos a un germen que absorbe la salud de las personas y la reemplaza con una enfermedad," dije, "El germen vio como creé a mi segunda mascota Patty, así que ahora el germen probablemente está creando más gérmenes. Si no nos apuramos se esparcirán por todo el mundo."

"Le eché un vistazo al contenedor que guarda la fórmula que tienes en la camioneta y parece estar casi vacío. Necesitas crear más fórmula. ¿Recuerdas cómo hacerlo?" preguntó Alicia.

"Bueno, es que, en realidad . . ." empecé a decir.

"¿Acaso mentiste de nuevo?" preguntó Alicia.

"Tal vez exageré algunas cositas. Bueno, tal vez exageré toda la cosa," dije.

"No importa, en caso de que esto pasara diseñé un plan de reserva," dijo Alicia.

"Bueno, en realidad, diseñé 236 planes de reserva," dijo Alicia.

"¿Tienes 236 planes de reserva?" pregunté.

"También tenemos algunos planes de reserva para los planes de reserva," dijo Wanda.

"¡Hay que enfocarnos! Oí que una compañía está creando una fórmula que transforma casas en cenizas instantáneamente. Supuestamente, la utilizarán para demoler casas viejas con rapidez y sin causar ruido. Oí que iban a terminar de crearla en una semana. Así que, en una semana nos robaremos la fórmula," dijo Alicia.

"No tenemos tanto tiempo," dije.

"Necesitamos tiempo para contratar personas para que nos ayuden a combatir a los gérmenes y para localizar el lugar en donde la compañía está creando la fórmula, así que cálmate," dijo Alicia.

"Es que no sé qué hacer," dije.

"Yo sí lo sé. Esperemos una semana y después robemos la fórmula," dijo Wanda.

Entonces, nos fuimos a la casa de Alicia. Mientras que Wanda y Alicia trabajaban, yo decidí acostarme en el sofá a ver televisión.

Después de una semana, Wanda ya había contratado a 20 personas, y Alicia finalmente había ubicado el edificio en donde estaban creando la fórmula nueva.

Esa noche, armé unas ballestas y le di una a cada persona con sólo unas gotas de la fórmula que quedaba. Una de las personas que contrató Wanda era muy buena con las computadoras. Él jaqueó el sistema de seguridad del edificio y logramos entrar.

Parecía como si una bestia hubiera destruido todo el lugar. Había pedazos de vidrio en el piso y hoyos en las paredes.

De repente, oímos un grito. Seguí el grito hasta el baño de las mujeres. Adentro, había una niñita.

"¿Qué pasó aquí?" pregunté.

"Hace una semana, mi papá recibió la noticia que había unas creaturas atacando a la gente. Él creó una fórmula para detenerlas. Les mintió a todos. Les dijo que era una fórmula para destruir casas viejas," dijo la niñita. "Mi papá me trajo a su trabajo hoy para enseñarme la fórmula, pero las creaturas salieron de la nada y nos atacaron. No sé en dónde está mi papá."

"¿En dónde está la fórmula?" pregunté.

"La fórmula está en el nivel superior. Para entrar, necesitas desactivar la alarma desde el cuarto de control," dijo la niñita.

Levanté a la niñita y se la di a Wanda.

"Lleva a la niñita con la policía y pide que la lleven con su mamá," le dije a Wanda.

Después de que Wanda se fue con la niñita, le conté a todos lo que me había dicho la niñita.

Encontramos el cuarto de control y vi a un hombre tirado en el piso. Por suerte, estaba respirando. Tenía unas marcas extrañas en su cara y parecía muy enfermo. Desactivamos la alarma y llamamos al hospital para que mandaran una ambulancia.

Fuimos al nivel superior y encontramos la fórmula en un contenedor. Agregué un poco de la fórmula en las ballestas de cada uno de nosotros. Se mezcló con la fórmula que ya estaba en las ballestas. Le disparé a una puerta y la puerta se transformó en cenizas. ¡Funciona! Ahora ya estábamos listos. Al salir del edificio, nos vimos rodeados de policías.

Los policías confiscaron todas nuestras armas. Mientras me subía a la patrulla, vi a un germen asomarse por la puerta del edificio. El germen me vio directamente a los ojos. De repente, aparecieron una docena de gérmenes detrás de él. Todos los gérmenes eran de diferentes tamaños y los pelos de unos eran de un color más oscuro que los de otros. Al parecer mientras más salud obtenían de la gente, más grandes, fuertes, agresivos, y peligrosos se volvían.

Parece ser que todo este tiempo que estuvimos adentro del edificio los gérmenes estuvieron ahí con nosotros. Pero por algún motivo, no nos atacaron. Era como si hubieran querido que la policía nos detuviera. Tal vez los gérmenes sabían que nosotros éramos las únicas personas con armas capaces de destruirlos.

CAPÍTULO CUATRO

....

EL JUICIO

*A**l día siguiente, nos llevaron a un cuarto enorme. Al parecer, el robo había sido más serio de lo que había pensado. Había muchos reporteros de televisión. También había personas que representaban a diferentes compañías.*

Un señor en ropa algo ridícula entró en el cuarto y se sentó detrás de un escritorio que tenía un martillito.

"Señor Pen, usted robó el . . ." empezó a decir el señor en ropa ridícula.

"Mi nombre es Dr. Pren," dije.

"Eso no importa. ¿Ahora, me puede explicar por qué robó la fórmula?" preguntó el señor en ropa ridícula.

"No hasta que me diga la razón por la cual mi nombre no importa," respondí.

"Aquí señor, usted me habla con respeto," dijo el señor en ropa ridícula.

"¿Por qué no nos vamos todos a casa y olvidamos todo lo que pasó?" pregunté.

"Para eso estamos aquí. Yo decidiré si usted se va a su casa o si usted se va a la cárcel," dijo el señor en ropa ridícula.

"En realidad, mi casa es tan sólo un cuartito frío con una cama y la cárcel es lo mismo, así que me da igual," dije.

"Pero hay una televisión en su casa, ¿verdad?" preguntó el señor en ropa ridícula.

"Sí," respondí.

"También hay comida riquísima en su casa, ¿verdad?" preguntó el señor en ropa ridícula.

"Sí," respondí.

"Entonces, al parecer su casa es mejor que la cárcel," dijo el señor en ropa ridícula.

"Entonces, si sabe que mi casa es mejor, ¿por qué no me deja ir a mi casa?" pregunté.

"Para que aprenda que en este país hay leyes y usted tiene que respetarlas," dijo el señor en ropa ridícula.

"Igual que usted respeta mi nombre, supongo," dije.

"¿Por qué es usted tan irrespetuoso?" preguntó el señor en ropa ridícula.

"La Biblia dice 'trata a los demás como te gustaría ser tratado,' entonces si usted trata a los demás irrespetuosamente, los demás lo tratarán a usted irrespetuosamente," dije.

Todos en el cuarto empezaron a hablar sobre lo que estaba pasando.

"¡Orden!" gritó el señor en ropa ridícula azotando su martillito en el escritorio.

"¿Se supone que nos debemos de callar cuando azota ese martillito? Porque la última vez que azoté un martillo nadie se calló," dije.

"¡Orden!" gritó el señor en ropa ridícula.

"¿Por qué grita 'orden'? Ni que estuviéramos en la corte," pregunté.

"En la corte es exactamente en donde está usted," dijo el señor en ropa ridícula.

"¿Por qué nadie me dijo que estaba en la corte?" pregunté.

"Te lo dije tres veces cuando llegamos aquí," susurró Alicia.

"¿Significa que iré a la cárcel después de esto?" pregunté.

"Lo hará si no me dice que fue lo que pasó," respondió el señor en ropa ridícula.

Entonces, le expliqué todo con exactitud. Después, esperé unos segundos hasta que por fin me hablo de nuevo.

"Sé que está mintiéndome," dijo el señor en ropa ridícula.

"Claro que no," respondí.

"Si no me dice la verdad, lo mandaré a la cárcel," dijo el señor en ropa ridícula.

Esa amenaza me hizo recordar un incidente que pasó hace ocho años. Claramente, recordé a la maestra diciéndole algo similar a mi mejor amigo, Adán, en aquella ocasión.

"Sé que estás mintiendo," la maestra le había dicho a Adán.

"No. Debe de haber un error," había respondido Adán.

"Si no me dices la verdad, te mandaré a la oficina del director," le había dicho la maestra a Adán.

Eso ocasionó que Adán se enojará tanto que su enojo lo hizo desarrollar poderes sobrenaturales.

En mi caso, yo sabía que no iba a desarrollar ningún tipo de poder, así que tenía que cambiar mi estrategia si quería ir a casa. Miré alrededor de la sala de juicio y apunté hacia el primer representante de una compañía que vi.

"Él me forzó a robar la fórmula para tener más ganancias. Fui una víctima y él es el culpable," le mentí al señor en ropa ridícula, "Lo juro."

El señor en ropa ridícula creyó la mentira y el representante de la compañía fue arrestado. Mientras salía de la sala de juicio, Alicia se acercó a mí.

"No es bueno mentir. La Biblia también dice eso," dijo Alicia.

"¿Qué se supone que dijera? Me iba a echar a la cárcel," dije.

"Pero tú sabes cuál es la verdad y nadie gana nada diciendo mentiras," dijo Alicia.

"Gané mi libertad," dije.

"Tú no entiendes," dijo Alicia y se fue.

La policía nos regresó nuestras armas. Era tiempo de empezar a exterminar a esos gérmenes.

Transformamos la casa de Alicia en una base y construimos motocicletas con super turbinas.

Al primer lugar que nos dirigimos fue al edificio en donde habíamos robado la fórmula nueva. Eliminamos rápidamente a la mitad de los gérmenes y capturamos a la otra mitad para estudiarlos. Armé un sistema de seguridad bajo tierra y ahí encerramos a los gérmenes.

"Mira cuantos ya hemos capturado," dije.

"Pero no olvides que hay muchos más en la ciudad," dijo Alicia.

CAPÍTULO CINCO

··

EL ATAQUE DE LOS
GÉRMENES

*T*ardamos más de lo que habíamos pensado en localizar a todos los gérmenes. Una vez que los localizamos, construimos otras cinco bases en diferentes puntos estratégicos rodeando todos los lugares en donde se encontraban los gérmenes.

Diseñé un sistema de transporte que conectaba a todas las bases bajo tierra. Todos teníamos credenciales con chips especiales que permitían el acceso a pasadizos secretos los cuales se encontraban adentro de baños portátiles.

Las personas eran transportadas bajo tierra en cohetes pequeños hasta la base más cercana. Diseñé armas que disparaban más rápido y más lejos. También diseñé trajes para protegernos de los gérmenes.

Durante los siguientes meses, salvamos muchas vidas y destruimos muchos gérmenes.

"Si seguimos así, acabaremos con todos los gérmenes en los próximos dos meses," dije.

"Creo que eso no será posible," dijo Alicia.

"¿Por qué no?" pregunté.

"Mira por la ventana," dijo Alicia.

Cuando miré por la ventana, empezaron a aparecer cientos de gérmenes.

"¿De dónde salieron?" pregunté.

"No lo sé. Aparecieron de la nada. Ahora la cantidad de gérmenes se ha duplicado," dijo Alicia.

"Gilberto no es capaz de crear cientos de gérmenes en tan poco tiempo," dije.

Salí y empecé a destruir a los gérmenes, pero había muchísimos. No podía con todos. Corrí de vuelta a la base y cerré la puerta. Desafortunadamente, ese día era el año nuevo, así que la mitad de los trabajadores tenían el día libre.

Fui a mi oficina y presioné un botón en mi escritorio. Una alarma empezó a sonar. Steve y Windor, dos de los trabajadores, bajaron del segundo piso. Les pedí que destruyeran a todos los gérmenes que pudieran.

Entonces, recordé que teníamos gérmenes capturados para examinarlos. Salí al patio trasero y abrí una puerta metálica que estaba en el suelo. Bajé las escaleras y entré en un cuarto enorme en donde había una gigantesca computadora. Escribí la contraseña en la computadora y un muro se abrió. Había una piscina al otro lado del muro. Entré en la piscina y nadé hasta el otro extremo en donde había una puerta de madera. Salí de la piscina, abrí la puerta de madera, y entré en un pasillo.

Mientras corría por el pasillo, flechas salían volando de los muros, pero pude esquivarlas. Llegué a donde estaba una *puerta metálica y la abrí. Al otro lado de la puerta metálica, había una computadora y un elevador con las puertas cerradas. Escribí la contraseña en la computadora y las puertas del elevador se abrieron.*

Entré en el elevador y me llevó más profundo. Instantes después, el elevador se detuvo y las puertas se abrieron. Finalmente, había llegado al cuarto en donde manteníamos a los gérmenes. Sólo quería verlos y asegurarme que ninguno de ustedes se había escapado, pensé.

De repente, el techo se desplomó y un montón de gérmenes empezaron a entrar. Subí al elevador. Regresé por el pasillo, nadé de regreso en la piscina, subí las escaleras lo más rápido que pude, regresé a mi oficina, y me encerré en ella.

Me senté en mi silla y respiré profundamente. Traté de calmarme para poder pensar en que hacer. De repente, manos de gérmenes empezaron a salir del piso. Grité y salté de mi silla. Unas de las manos agarraron mi silla y la jalaron hacia abajo, haciendo un hoyo en el piso.

Corrí hacia la entrada. Manos de gérmenes salían del piso con cada paso que yo daba. Entonces, un germen atravesó el piso por completo y se paró enfrente de mí. Estaba a punto de agarrarme, cuando Steve salió de la nada y le disparó, pero falló. El germen cambió su atención hacia Steve.

Steve disparó de nuevo, pero el germen arrancó un pedazo del piso y lo usó como escudo. Cuando la fórmula chocó contra el pedazo de piso, este se transformó en cenizas. El germen saltó hacia Steve, lo agarró, y lo lanzó hacia una pared. El germen lo lanzó tan fuerte, que Steve salió volando de la base y atravesó ocho casas. Steve se encontraba inconsciente en medio de la sala de la octava casa.

Mientras tanto, yo estaba todavía adentro de mi oficina con el germen. Pensé en dispararle al germen cuando me di cuenta de que mi arma estaba al otro lado del cuarto. Corrí por mi arma cuando de repente, el germen me agarró y me tiró al piso.

El germen se puso encima de mí y abrió su boca enorme. Traté de agarrar mi arma, pero el germen sujetaba mis brazos.

Vi 14 hileras de dientes en la boca del germen. Tentáculos empezaron a salir de su boca. Los tentáculos se empezaron a amarrar alrededor de mi cabeza mientras el germen acercaba su boca hacia mi cabeza cada vez más y más.

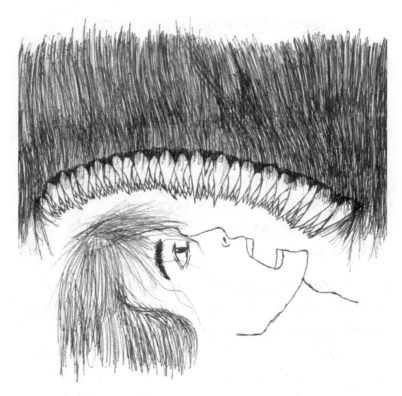

Había muchos agujeros en el piso de mi oficina hechos por los gérmenes que se habían escapado. El piso no pudo soportar nuestro peso y se desplomó.

El germen me soltó. Desafortunadamente, caí en medio de cientos de gérmenes. Pensé que ese sería mi fin. Entonces, tuve una idea. Apunté hacia la derecha y grité, "¡Una mariposa!"

Todos los gérmenes voltearon buscando la mariposa lo cual me permitió escapar.

Salí de la base, pero no sabía qué hacer. Encontré a Alicia, a Windor, y a Steve, ya recuperado, escondidos detrás de un árbol.

"No tengo un arma," dije.

"El único que tiene un arma es Windor, la mía se perdió, y la de Steve se rompió," dijo Alicia.

"Me pregunto de donde salieron todos esos gérmenes," dijo Steve.

Vimos como los gérmenes destruían la base.

"Tienes seguro, ¿verdad?" pregunté.

"¿Me lo preguntas ahora?" respondió Alicia.

Windor empezó a dispararle a unos gérmenes. Un germen salió por detrás de nosotros y agarró a Windor. Le quité el arma a Windor inmediatamente. El arma estaba cubierta en sudor, así que me costó un poco operarla.

Por fin, pude dispararle al germen que estaba atacando a Windor. Windor se puso de pie. Tenía las mismas marcas en su cara como las otras víctimas de los gérmenes, pero no parecía estar enfermo.

"¿Te llevamos al hospital?" pregunté.

"No sé. No me siento enfermo, pero tengo una sensación que nunca antes había tenido," dijo Windor.

Miré las marcas en su cara. Me recordaban algo.

"Creo saber lo que significan esas marcas en tu cara," dije.

"¿Qué significan?" preguntó Windor.

"Las marcas parecen ser símbolos escritos en un idioma creado por humanos, pero ningún humano lo puede leer," dije.

"No entiendo," dijo Alicia.

Fuimos a la tienda más cercana. Cuando entramos, fuimos directamente hacia el cajero y escaneé la cara de Windor con el escáner de código de barras. Un mensaje apareció en la pantalla del escáner.

El mensaje decía, 'Si destruyen al Rey Germen, todos los gérmenes desaparecerán.'

"El Rey Germen debe de ser Gilberto," dije.

"¿Cómo sabremos cuál germen es Gilberto?" preguntó Alicia.

"El problema es que todos son parecidos," dije.

"Pero tal vez él es el más grande, el más fuerte, el más agresivo y el más peligroso," dijo Alicia.

"¡No hay tiempo que perder! Vayamos en búsqueda del Rey Germen," dije.

CAPÍTULO SEIS

....

EN LA OSCURIDAD

*E*sa tarde, decidimos ir a quedarnos en casa de Steve. Steve vivía con su esposa y su hija.

Durante la cena, Steve dijo, "Algo que nunca entendí es como pueden los gérmenes pararse en sus piernas. Sus piernas son tan delgadas y no tienen casi nada de músculo."

"Es que sus cuerpos no son tan pesados como parecen," dije. "Sus piernas están colocadas en lugares específicos que les permite mantener el balance mientras están de pie."

"Si pones atención, cuando los gérmenes corren, se caen continuamente. Cada vez que se caen, sus pies empujan contra el suelo, alzándolos de nuevo," dije.

"¿Qué van hacer respecto a todos los gérmenes nuevos?" preguntó la esposa de Steve.

"Tendremos que empezar desde cero," dije. "Es como un videojuego, en el cual hemos perdido todas nuestras vidas. Ahora, hay que empezar de nuevo desde el principio."

En ese momento, la hija de Steve se aproximó a su mamá y le susurró al oído.

"Está bien," dijo su mamá y su hija se fue corriendo.

"¿Qué te dijo?" preguntó Windor.

"Olvidó su juguete afuera de la casa y me preguntó si podía salir por él," dijo la esposa de Steve.

"No es seguro estar afuera," dije. Me paré de inmediato y fui tras la niña.

La niña estaba recogiendo su juguete en medio del patio trasero cuando oyó una rama romperse. Ella no podía ver nada porque era de noche. La niña caminó hacia el ruido. Justo enfrente de ella se encontraba un germen.

El germen salió de la oscuridad. La niña gritó. Justo antes de que el germen la agarrara, la alejé del germen. La sujeté en mis brazos y agarré un palo que estaba en el suelo. El germen se escondió de inmediato detrás de unos arbustos en la oscuridad. Empecé a oír pisadas a mi alrededor. No me atreví a darle la espalda al germen y correr hacia la casa.

Probablemente, el germen esperaba que hiciera eso para poder atacarnos. Di un paso hacia atrás. Entonces, oí algo detrás de mí. Volteé rápidamente, pero no vi nada. La oscuridad cubría todo a mi alrededor. Escalofríos subían por mi espalda. El viento soplaba las hojas de los árboles.

Si yo estaba asustado, no me podía imaginar cómo se sentía la niña. Alcé a la niña y la sujeté entre mis brazos. Ella estaba agarrando fuertemente el juguete, tratando de esconderse entre mis brazos y no ver lo que pasaba. De inmediato, me alejé de la casa corriendo. Mientras corría, oía ramas quebrándose y el rose de las hojas de los árboles y los arbustos. De repente, todo quedó en silencio. Entonces, empezamos a oír pisadas que se aproximaban a nosotros. Seguí corriendo hasta llegar a una calle completamente desolada. Podía sentir el aire frío golpear mi cara. Clavé mi mirada en los árboles pensando que algo saldría detrás de ellos, pero nada sucedió. Seguí corriendo por la calle por lo que se me hizo una eternidad.

Finalmente, dejé de correr y miré a la niña. Ella estaba dormida. La niña llevaba un reloj en su muñeca. Vi que ya casi era la media noche.

Caminé un poco más. Entonces, vi la camioneta de Elías aproximándose a nosotros. La camioneta se detuvo enfrente de nosotros. La vecina de Alicia salió de la camioneta.

"No quería que los gérmenes se llevaran su camioneta. Así que la tomé," dijo la vecina.

"¿Qué tan lejos estamos de su casa?" pregunté.

"No lo sé. Estoy tratando de escapar de los gérmenes, pero están en todas partes," dijo la vecina.

"Una de nuestras bases está por aquí cerca," dije.

Metí a la niña en la camioneta y yo subí al techo de la camioneta en donde estaban los cañones. Quería estar preparado en caso de que un germen nos atacara. No vimos a ningún germen en el camino.

Había cuatro trabajadores adentro de la base cuando llegamos.

"¿Ha pasado algo fuera de lo normal hoy por acá?" le pregunté a uno de los trabajadores.

"No, nada. Ahora que lo pienso, no hemos visto a ningún germen en todo el día," respondió un trabajador.

Les conté lo que nos había pasado.

"Parece que los gérmenes tenían la intención de destruir la base principal. Tal vez están tratando de destruir las bases una a la vez," dijo el trabajador.

"Es probable," dije. "Pasaremos la noche aquí."

"Por supuesto. Clara los llevará a sus habitaciones," dijo el trabajador.

"Necesito hacer una llamada," dije.

Llamé a Steve para decirle que su hija estaba sana y salva, que pasaríamos la noche en la base, y que los veríamos en la mañana.

Esa noche después de acostarme, empecé a tener esa sensación de soledad parecida a la que tuve en una visión cuando yo era un niño. Me había sentido solo por gran parte de mi vida. Es por eso que creé una mascota.

En ese momento, me di cuenta que yo era el único responsable de todo lo que había pasado.

Traté de pensar en la manera de destruir a todos los gérmenes. No sabía que tanto había cambiado Gilberto físicamente, pero sí sabía que él se había vuelto más grande, más fuerte, más agresivo y más peligroso.

Era evidente que Gilberto era responsable por la creación de todos los gérmenes. Era obvio que la única manera de salvar al mundo de los gérmenes era destruyendo a Gilberto.

¿En dónde está Gilberto? ¿En dónde está Patty? ¿Cómo creó Gilberto a tantos gérmenes tan rápido? Tantas preguntas que pasaban por mi mente.

Al día siguiente, llamé a Alicia.

"Dr. Pren, que bueno que llamas. Encontramos algo muy extraño anoche. Creo que es Patty," dijo Alicia.

"¿En dónde están?" pregunté.

"Estamos en la lavandería del pueblo de Milworm," dijo Alicia. "Ven rápido. Te necesitamos."

Miré la hora en el reloj. Eran las ocho de la mañana.

"¿Cuánto tiempo tarda uno en llegar al pueblo de Milworm desde aquí?" le pregunté a Clara.

"Bueno, en carro, uno tarda . . ." empezó a decir Clara.

"Perfecto," la interrumpí. *"Para empezar, llama a Steve para decirle que mandaré a su hija de regreso a su casa con uno de los trabajadores. Después, dame cuatro armas y ven conmigo. Una vieja amiga nos espera en la lavandería de Milworm,"* dije.

Clara y yo subimos a la camioneta.

"Traje una motocicleta por si acaso," dije.

"Traje cinco ballestas y un mapa," dijo Clara.

"Milworm está aproximadamente ..." empezó a decir Clara.

"Siete centímetros de aquí ..." la interrumpí, *"No tardaremos mucho en llegar entonces."*

Ya casi era medio día y todavía no habíamos llegado.

"Creo que el mapa está mal," dije, *"Supuestamente sólo eran siete centímetros."*

"Tú me interrumpiste cuando estaba calculando la distancia," dijo Clara.

Horas después, finalmente llegamos a Milworm. Desafortunadamente, llegamos durante la noche.

Bajé de la camioneta y caminé hacia la lavandería. El viento soplaba con fuerza moviendo los árboles frondosos que rodeaban la lavandería. Cuando entré en la lavandería, las luces estaban prendidas. El lugar estaba impecable, pero no había nadie ahí.

"No me digas que Clara nos trajo al pueblo equivocado," dije.

De repente, algo se movió detrás de mí. Volteé, pero no vi nada. Después, oí a alguien decir mi nombre. Miré de un lado a otro, entonces Patty apareció justo enfrente de mí.

"Ahora sí deseo que Clara se hubiese equivocado de pueblo," dije.

"¿Por qué tan solo, Dr. Pren?" preguntó Patty.

"No estoy solo. Mis amigos están aquí conmigo," dije.

"¿No lo entiendes? Tarde o temprano, todos estarán en tu contra. Un día, habrá

todo un ejército peleando en contra tuya. Te volveré a preguntar, ¿por qué tan solo, Dr. Pren?" dijo Patty.

"Yo nunca le haría nada malo a mis amigos," dije.

"¿Qué me dices del señor Hopper?" preguntó Patty.

"Cometí muchos errores cuando era niño," dije.

"Y los seguirás cometiendo," dijo Patty.

"No quiero oír más," dije mientras sacaba una ballesta de mi bolsillo.

Disparé la fórmula hacia Patty, pero un rayo cayó justo enfrente de ella. La fórmula chocó contra el rayo transformándolo en cenizas.

Patty chasqueó sus dedos. Miré hacia afuera de la lavandería. La cosa más increíble que jamás había visto apareció de repente. Un monstruo gigantesco hecho completamente de viento estaba justo afuera enfrente de la lavandería.

"¿Te gusta mi huracán?" preguntó Patty.

"Está hecho de aire, otra cosa que mi arma no puede destruir," dije, "pero todo ese aire está controlado por algo."

"Eres astuto," dijo Patty.

"Si es un huracán, entonces la fuente de poder que atrae a todo el aire está en el ojo del huracán," dije.

"Como lo dije, eres muy astuto," dijo Patty.

"Algo que yo sé y tú no sabes," dijo Patty, "es que la fórmula que usas para destruir cosas . . ."

Patty se transformó en cenizas inmediatamente. Alicia, Steve, y Windor estaban de pie detrás de las cenizas.

"¿No pudieron haber esperado un poco más? Estaba a punto de decirme algo importante," dije.

"Windor fue quien le disparó," dijo Steve.

"No sabía que estaba a punto de decir algo importante," dijo Windor.

"No importa, ahora tenemos que averiguar como destruir al huracán," dije.

Cuando volteé a ver hacia afuera de la lavandería, el huracán se había ido.

"¿Crees que el huracán desapareció cuando destruimos a Patty?" preguntó Steve.

"No, ese huracán sigue allá afuera. Sólo se escapó porque sabía que lo perseguiríamos después de haber destruido a Patty," dije.

"¿Cómo lo encontraremos?" preguntó Steve.

"No creo que sea difícil encontrar a un monstruo gigante hecho de aire caminando por ahí," dije.

Pero no estaba seguro de poder encontrarlo. De cualquier manera, subimos a la camioneta y fuimos a buscarlo. Mientras conducíamos por Milworm, vimos que unos árboles habían sido derribados y el centro comercial había sido destruido.

"Parece que el huracán pasó por aquí," dije.

CAPÍTULO SIETE

....

EL HURACÁN

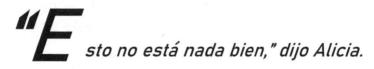**sto no está nada bien," dijo Alicia.**

Continuamos conduciendo por las calles en búsqueda del huracán. Todo el pueblo estaba destruido. Había árboles derrumbados por todas partes. Tomamos una curva y entonces vimos un bosque frondoso enfrente de nosotros.

"Regresa," dije.

"¿Por qué?" preguntó Alicia mientras detenía la camioneta.

"No encontraremos al huracán por aquí. Si no hay árboles derrumbados,

significa que el huracán no pasó por aquí,"
dije.

Regresamos por donde habíamos
venido y seguimos hasta encontrar árboles
derrumbados de nuevo. Tomamos una calle
que nos condujo hasta un puente. No había
árboles más allá del puente.

"¿Ahora, hacia dónde vamos?"
preguntó Steve.

"Revisé el mapa. Esta calle pasa por
un vecindario rodeado de árboles. Si hay
árboles derrumbados sabremos que el
huracán pasó por este lugar," dije.

Seguimos manejando hasta que
vimos varios árboles derrumbados en la
entrada del vecindario.

"Estuvo aquí," dijo Alicia.

"Sigue aquí," dije, mientras veía
directamente a una casa de tres pisos en el
vecindario.

Estacionamos la camioneta cerca de
la casa. Salimos y caminamos con cuidado
hacia la casa de tres pisos. El patio
delantero de la casa había sido destruido.
Al acercarnos a la casa, notamos una

sombra que pasaba por una de las ventanas adentro de la casa. Mientras preparábamos nuestras armas, todas las ventanas de la casa se abrieron al mismo tiempo. Una fuerte ráfaga de viento salió rápidamente de la casa y nos tiró al suelo.

El viento formó al huracán. Steve disparó la fórmula hacia el huracán. La fórmula atravesó el viento como si nada estuviera ahí.

El huracán formó con su viento una mano. Alzó la mano de viento sobre la casa y la succionó. El huracán formó otra mano de viento. La apuntó hacia otra casa y lanzó una ráfaga de viento hacia ella tan fuerte que empujó la casa bajo tierra.

Me puse de pie y corrí hacia el huracán.

"Dr. Pren, ¡qué haces!" gritó Alicia.

Entré al huracán. De inmediato, fui arrastrado por el viento mientras se movía en círculos a una velocidad increíble. Pronto, noté que podía moverme. Traté de nadar a través del viento hacia el centro del huracán, pero no pude llegar muy lejos.

Mientras tanto, Alicia seguía disparándole la fórmula al huracán sin éxito alguno. Entonces, el huracán empezó a absorber todo a su alrededor.

Choqué con una cama. En seguida, vi una pared pasando por arriba de mí. Noté que el extremo más lejano de la pared estaba cerca del centro del huracán. Me agarré de la pared y me subí en ella. Comencé a gatear por encima de la pared hacia el otro extremo, pero el viento empezó a oscilar tan rápido que me hizo desmallar.

Después, comencé a oír la voz de Alicia. Cuando abrí mis ojos, vi a Alicia justo enfrente de mí. En seguida noté que Steve y Windor también estaban ahí. Ahora los cuatro estábamos volando en el viento del huracán.

"¿Cómo llegaron aquí?" pregunté.

"Haciendo lo mismo que tú," dijo Windor.

"En primer lugar, ¿Por qué entraste al huracán?" preguntó Steve.

"El viento que forma al huracán proviene de una fuente. Si destruimos la fuente, el huracán desaparecerá. La fuente debe de estar en el ojo del huracán," dije.

De repente, vi un muro negro enfrente de mí. Puse mis manos sobre el muro. En seguida, mis manos se empezaron a hundir en el muro. El muro me estaba succionando. Fui succionado por completo y salí del otro lado del muro. Ahora me encontraba en un lugar muy tranquilo, sin viento, y con luz resplandeciente. Cuando miré hacia arriba, noté que había un ojo inmenso. El ojo era dos veces mi tamaño y estaba flotando justo por encima de mí.

"Así que este es el ojo del huracán," dije.

El ojo giraba, mirando a su alrededor. Puse mi mano en mi bolsillo para sacar mi arma, pero ya no estaba ahí. Al parecer, la había perdido en el huracán.

El ojo volteó su mirada hacia mí. Escalofríos subían por mi espalda. La pupila del ojo empezó a brillar más y más. Un rayo salió disparado de la pupila. Me quité del camino del rayo rápidamente.

La pupila volteó hacia donde yo estaba y disparó otro rayo de nuevo. El rayo pasó justo por en medio de mis piernas. Salté hacia el ojo y me agarré de la pupila.

Comencé a escalar el ojo sosteniéndome con mis uñas porque el ojo estaba resbaloso. El ojo se empezó a sacudir tan agresivamente que salí volando por el aire. El ojo comenzó a disparar rayos hacia mí de nuevo, pero fallaba. Entonces, el ojo soltó una enorme nube de humo.

No podía ver nada. El ojo disparó un rayo que rozó mi hombro y prendió en fuego mi camisa. Salí corriendo de la nube de humo de inmediato, me quité por completo mi camisa y la lancé al ojo. La pupila empezó a dispararle rayos a la camisa hasta desintegrarla.

En ese momento, miré a mi alrededor. Tuve un presentimiento. Decidí dejar que mi cuerpo reaccionara instintivamente.

Salté hacia el ojo y lo escalé hasta estar encima de él. Me quité mi zapato y lo puse sobre la pupila del ojo. Cuando la pupila disparó otro rayo, el rayo incendió el zapato. Entonces, el ojo se empezó a incendiar. El ojo comenzó a temblar tan agresivamente que la pupila se separó un poco del resto del ojo creando un hoyo pequeño. Yo caí adentro del ojo atravéz del hoyo pequeño.

Aterricé en algo pegajoso y gelatinoso. Podía ver todo a mi alrededor ya que el ojo se estaba quemando. Había cometido una estupidez. Ahora, estaba atrapado adentro del ojo. Entonces, vi el hoyo pequeño enfrente de mi a lo lejos. Corrí hacia el hoyo pequeño lo más rápido que pude, pero justo antes de llegar al hoyo pequeño, el ojo comenzó a caerse al suelo.

Cuando el ojo chocó contra el suelo, salí rebotado de regreso hacia el otro lado del ojo. El ojo perdió el control del huracán. El huracán se empezó a desvanecer. Ya en el suelo, el ojo empezó a girar. Mientras tanto, yo me encontraba rebotando de un lado a otro adentro del ojo ardiente.

Luego, noté que me estaba quemando. Intenté apagar el fuego con mis manos. En ese momento, el ojo fue succionado por el muro negro, y después fue escupido del otro lado del muro hacia las ráfagas de viento que aún quedaban del huracán. El daño causado al ojo por el fuego y las ráfagas de viento destruyeron al ojo, liberándome del ojo. Las ráfagas de viento apagaron las llamas que me quemaban.

El huracán se desvaneció completamente, lanzando todas las cosas que había absorbido en todas direcciones. Al yo salir lanzado, choqué contra un árbol en el aire y quedé inconsciente.

CAPÍTULO OCHO

....

EL ESCONDITE SECRETO

A brí mis ojos lentamente y vi un hoyo en un techo. Miré de izquierda a derecha. Estaba tendido en el piso de una habitación adentro de una casa.

Traté de pararme, pero mis quemaduras me ardían. Me agarré de la manija de la puerta de un armario y me puse de pie. Entonces, oí a alguien tocar la puerta de la habitación. Abrí la puerta de la habitación.

Un germen entró en la habitación y me agarró. Abrí la puerta del armario, vi unas tijeras y traté de agarrarlas, pero no pude. El germen me jaló con mucha fuerza

71

y me lanzó al otro lado de la habitación. Choqué contra la pared y caí al suelo. Entonces, noté que adentro del armario, había manualidades.

Me puse de pie y corrí hacia el armario con todas mis fuerzas para agarrar las tijeras, pero el germen me volvió a atrapar. Logré agarrar una pistola de pegamento caliente que estaba conectada a un enchufe en la pared. El germen me tiró al suelo, se puso encima de mí, abrió su boca, y acercó su boca a mi cara. Apunté la pistola de pegamento caliente hacia el germen y disparé pegamento caliente en la boca del germen. El germen abrió su boca aún más como si fuera a gritar, pero no hizo ruido. El germen cerró su boca y se quitó de encima de mí. Le seguí disparando pegamento caliente al germen hasta que huyó corriendo.

Tiré la pistola de pegamento caliente al piso y bajé por las escaleras. Salí de la casa. Caminé por la calle, tropecé y me apoyé en un poste para sostenerme. Miré hacia el otro lado de la calle y vi la camioneta de Elías estacionada enfrente de mí.

Miré a mi alrededor para ver si no había más gérmenes cerca. Entonces, noté que había un cartel pegado al poste con una fotografía mía. El cartel decía, 'Se Busca, Vivo o Muerto, de preferencia vivo.'

El cartel también incluía una lista de los cargos en contra mía. Al parecer, yo había sido sentenciado a siete años en la cárcel por haberle mentido a las autoridades, y por haber culpado a personas inocentes.

"¿Yo hice eso?" me pregunté. "No pensé que fuera para tanto."

Subí a la camioneta y empecé a manejar cuando de repente, escuché una explosión por debajo de mí. La camioneta salió volando por los aires.

La camioneta aterrizó en medio de un bosque. Miré por la ventana trasera. Vi a cientos de gérmenes corriendo hacia mí. Uno de los gérmenes tenía dinamita.

"Estos gérmenes nunca se dan por vencidos," dije y encendí la camioneta. La camioneta arrancó, pero tan sólo avanzó unos cuantos metros antes de apagarse por completo.

"No me sorprende," dije.

Entonces, recordé que había una motocicleta en la parte trasera de la camioneta. Me subí en ella y me fui como de rayo. Miré hacia atrás y noté que me estaba alejando de los gérmenes. Los gérmenes se veían cada vez más pequeños en la distancia. Al voltear mi mirada hacia adelante me di cuenta de que estaba saliendo del bosque.

Ahora me encontraba manejando en un complejo de canchas de fútbol durante un torneo de fútbol infantil. Casi choqué contra una familia que estaba disfrutando de un picnic. Al esquivar a la familia, entré en una cancha de fútbol en donde estaban jugando un partido. Pude esquivar a todos los niños, pero al salir de la cancha, me estrellé contra una banqueta en el estacionamiento, salí expulsado de la motocicleta, y volé por los aires.

Aterricé enfrente de unos baños portátiles. Enseguida me di cuenta de que uno de esos baños portátiles era de nosotros. Entré al baño portátil y utilicé mi credencial para abrir el pasadizo secreto que estaba en el piso del baño portátil.

Al abrirse el pasadizo secreto, caí y aterricé en un cohete. Inmediatamente, el pasadizo secreto se cerró. Me puse cómodo y luego presioné un botón. El cohete salió disparado por un túnel bajo tierra. Minutos más tarde, el cohete se detuvo.

Un pasadizo secreto se abrió por encima de mí. Cuando salí del pasadizo secreto, me encontraba en el patio trasero de una de nuestras bases. Entré a mi oficina, pero no encontré a nadie. Subí al segundo piso, tampoco había nadie ahí.

"¿En dónde están todos?" me preguntaba mientras bajaba al sótano.

En el sótano, encontré a tres trabajadores tirados en el suelo. Me di cuenta de que podría haber gérmenes adentro de esta base. Sabía que necesitaba conseguir un arma de inmediato. Miré por todas partes y finalmente vi un arma que estaba al otro extremo del sótano. Agarré el arma y subí las escaleras hasta el primer piso.

Revisé los radares para ver si los gérmenes se estaban acercando, pero ninguno de los radares estaba funcionando. Golpeé uno de los radares, pero nada paso.

No sabía qué hacer. Me estaba desesperando. Estaba a punto de desconectar los radares cuando de repente, un radar comenzó a sonar. El radar estaba detectando una fuerza muy intensa.

"Ese debe ser Gilberto," dije.

Saqué un mapa y marqué el lugar de donde provenía la fuerza. Entré en el garaje, me subí en una motocicleta, guardé mi arma, y manejé en dirección a Milworm.

Finalmente, llegué al lugar indicado en el mapa el cual era un hotel en Milworm. Era de noche cuando llegué. Miré por las ventanas del hotel y me di cuenta de que ese hotel era el escondite secreto de los gérmenes.

Unos gérmenes estaban estudiando los movimientos de los seres humanos en una televisión para poder atacarlos más fácilmente.

De repente, algo me tocó el hombro. Volteé y vi a Alicia y a los otros trabajadores.

"¿En dónde estabas, Dr. Pren?" preguntó Alicia.

"Te lo cuento después. Supongo que tienen un plan," dije.

"Todos entraremos en el escondite secreto de los gérmenes al mismo tiempo, pelearemos hasta que alguien encuentre al rey y lo destruya," dijo Steve.

"¿Ese es su plan?" pregunté.

"Sí, supongo," dijo Steve.

"Si ese es su mejor plan, lo haremos," dije.

Entonces, rodeamos el hotel. Alicia estaba a mi lado.

"¿Cómo supieron venir aquí?" pregunté.

"Nuestros radares detectaron una fuerza muy poderosa proveniente de este lugar," dijo Alicia.

"Se me hace muy extraño que de la nada, Gilberto nos deje saber en dónde está," dije. *"Es como si quisiera que nosotros estuviéramos aquí."*

"¡Ahora!" gritó Steve y todos entramos al hotel.

Rompí una de las ventanas y entré en un pasillo cargando una ballesta pequeña llena de fórmula. El pasillo estaba lleno de gérmenes. Pateé a un germen que estaba enfrente de mí y le disparé la fórmula a otro que estaba a mi lado.

Empecé a dispararle a todos los demás gérmenes. Más gérmenes empezaron a salir por todas partes. Seguí disparando, pero finalmente, uno de los gérmenes me agarró por detrás, me alzó en el aire, e hizo que soltara mi arma. Mi arma cayó al piso y se rompió. Toda la fórmula que estaba en el arma se dispersó por el piso creando un hoyo en el piso.

Pateé al germen que me tenía levantado en el aire, pero no me soltó. Rasguñé su ojo y el germen me soltó. Entonces, lo golpeé y lo empujé hacia afuera del hotel através de una ventana rota.

Me di la vuelta y pateé a otro germen que estaba detrás de mí. El germen agarró mi pierna y me jaló, haciéndome perder el balance. Caí de espalda al piso. El germen saltó sobre mí y abrió su boca.

Tentáculos salieron de su boca y se amarraron alrededor de mi cabeza. Los tentáculos jalaron mi cabeza hacia la boca del germen. El germen estaba a punto de clavar uno de sus dientes en mi cabeza. Cubrí mi cabeza con mi mano derecha lo más rápido que pude. El diente se clavó en mi mano.

Inmediatamente, el germen empezó a absorber mi salud por mi mano. Mi mano se estaba tornando pálida y todas mis uñas se empezaron a caer. Mi mano empezó a adelgazar tanto que podía ver mis huesos. Manchas negras empezaron a aparecer en mi mano.

No quería imaginar cómo se sentiría eso en todo mi cuerpo. Yo no iba a permitir que ese germen siguiera absorbiendo mi salud. Con mi mano izquierda arranqué uno de sus dientes y se lo clavé en su espalda.

"¿Cómo se siente eso, eh?" le grité al germen mientras le arrancaba otro diente. Le clavé el diente en uno de sus tentáculos. El germen me soltó y me lanzó hacia otro germen.

El otro germen me atrapó. Traté de escapar, pero no podía mover mi mano derecha. Mi mano derecha no reaccionaba en absoluto. Desesperado, empujé al germen hacia adentro del hoyo en el piso.

El germen y yo caímos en el hoyo. Uno de los tentáculos del germen salió de su boca y me jaló del cabello. Golpeé al germen en su pansa para que me soltara, pero no lo hizo. Finalmente, el germen y yo azotamos contra el piso del sótano. El germen se convirtió en cenizas. Detrás de las cenizas se encontraba Windor.

"¿No vas a darme las gracias?" preguntó Windor.

"¡Cuidado!" grité, pero era demasiado tarde.

Un germen saltó encima de Windor y lo tiró al suelo. Windor soltó su arma. Agarré el arma de Windor. Estaba a punto de dispararle al germen que estaba encima de él cuando de repente, otro germen me agarró del brazo y me lanzó contra una pared. Atravesé la pared y caí al suelo. Me levanté rápidamente y le disparé al germen que me había lanzado contra la pared.

Me encontraba en un cuarto que no parecía tener acceso alguno, excepto através del hoyo que yo acababa de hacer en una de las paredes. Miré alrededor del cuarto y noté la presencia de un germen al otro extremo del cuarto. El germen era de color café. El germen era más grande, más fuerte, más agresivo, y más peligroso que los demás gérmenes.

"Yo soy Gilberto," dijo el germen.

CAPÍTULO NUEVE

....

LA DERROTA

"*T*e ves diferente a la mascota que yo creé," dije.

"*He evolucionado,*" dijo Gilberto.

Alcé mi ballesta y la apunté directamente hacia Gilberto.

"*Cuidado, Dr. Pren. Dime, ¿Qué harás después de destruirme?*" preguntó Gilberto. "*Si me destruyes, ya no tendrás trabajo y serás pobre. Nada de esto hubiera pasado si tan sólo me hubieras escuchado desde un principio.*"

"*Hace un año, Patty y yo tan sólo estábamos bromeando cuando dijimos que íbamos a crear un ejército para destruirte, pero tú al parecer no entiendes bromas," dijo Gilberto, "y trataste de destruirnos sin compasión."*

"¿Cómo se supone que yo supiera que ustedes estaban bromeando si los dos actuaban como si hablaran en serio?" pregunté.

"Es que tú no eres paciente y no escuchas," dijo Gilberto. "Por tu culpa tuvimos que desarrollar un plan para defendernos de ti."

"¿Eso significa que todo lo que hicieron fue para llegar a este momento?" pregunté.

"Exactamente," dijo Gilberto, "recuerda lo que Patty te dijo, 'Un día, habrá todo un ejército peleando en contra tuya.'"

"¿Y?" pregunté.

"¿Acaso no entiendes? Todo lo que ha pasado y todo lo que pasará es parte de un plan. Es un plan que involucra a todo un ejército," dijo Gilberto.

"¿Así que tú planeaste todo esto?" pregunté.

"No todo. Tuve la ayuda de alguien," dijo Gilberto.

"¿Quién es ese alguien?" pregunté.

"Antes de decirte quien es, te diré que esa persona fue la que me trajo a este planeta. Quizás estás un poco confundido," dijo Gilberto.

"Estoy muy confundido. Pensé que yo fui quien te había dado la vida," dije.

"Es humanamente imposible darle vida a algo como yo. Alguien fue a tu departamento un día cuando estabas fuera con los muchachos pintando grafiti en los muros de la cuidad. Esa persona reemplazó aquello que tú estabas creando con Patty y conmigo. Nosotros los gérmenes nunca habíamos sido expuestos a un ambiente tan contaminado como el que hay aquí en la tierra, lo cual causo que desarrolláramos una enfermedad. Para deshacernos de la enfermedad, la transferíamos a los humanos mientras absorbíamos la salud de ellos y así restaurábamos nuestros cuerpos de los daños causados por la enfermedad. Pero cuando parecía que estábamos completamente curados, volvimos a enfermarnos. Entonces,

empezamos a absorber la salud de los humanos cuando estábamos curados. Pronto, nos dimos cuenta de que cuanta más salud absorbíamos de los humanos, más poderosos nos volvíamos. Así que, tú pensaste que nos habías dado la vida, cuando en realidad fue alguien más quien nos trajo a ti de un lugar muy lejano," dijo Gilberto.

"¿Cuál es ese lugar?" pregunté.

"Es de donde viene la persona que me puso en tu departamento. Esa persona fue quien trajo muchos más como yo," dijo Gilberto.

"¿De dónde vienen, exactamente?" pregunté.

"Ya te dije. Venimos del mismo lugar del cual viene la persona que nos puso en tu departamento," dijo Gilberto.

"¿Y quién es esa persona?" pregunté.

"Yo no tengo porque decírtelo," dijo Gilberto.

"¡Dime quién es!" grité.

"Ya ves como no eres paciente. Sin duda, si sigues así, vas a hacer que mi plan resulte más fácil," dijo Gilberto.

"¡Dime!" grité.

"Como no eres paciente, no te lo diré," dijo Gilberto.

Estaba a punto de dispararle cuando habló de nuevo.

"Detente. Te voy a dar dos opciones," dijo Gilberto.

"No quiero escuchar tus opciones," dije.

"Tienes que tomar una decisión. Si decides destruirme, eso tal vez me ayudará a seguir con mi plan. Si decides no destruirme, eso también tal vez me ayudará a seguir con mi plan," dijo Gilberto.

"La única manera que tú sepas que tu plan sigue en curso es si tú estás vivo. Hasta nunca, monstruo apestoso," dije y le empecé a disparar.

"Eres más tonto de lo que pensé," dijo Gilberto riéndose mientras que se transformaba en cenizas.

Justo después de destruirlo, reflexioné acerca de lo que acababa de decir Gilberto. Cuando le disparé, él actuaba como si eso fuera exactamente lo que él quería.

Entonces noté, que todos los gérmenes habían desaparecido del hotel. Los gérmenes habían desaparecido de todas partes.

Al salir del hotel, fui arrestado. Los policías me quitaron mi arma y me subieron a una patrulla.

"¿En dónde están todos mis trabajadores?" pregunté.

"Todos están en la cárcel. Se quedarán encerrados por cinco años," dijo el oficial de policía.

"Por culpa mía, Alicia, Steve, Windor, y todos mis otros trabajadores están en la cárcel," dije.

Mi mano derecha seguía lastimada. Estaba sentado en mi celda, solo, como en la visión que había tenido cuando era un niño.

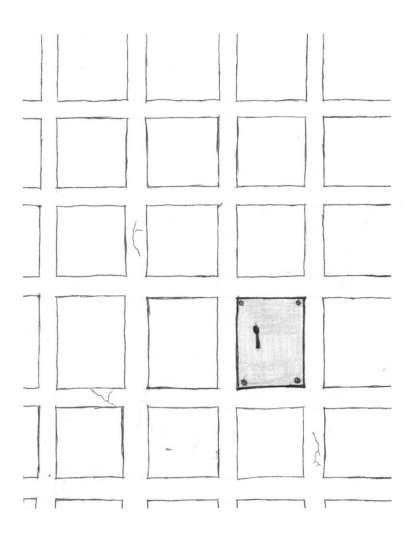

CAPÍTULO DIEZ

···

EL ENCUENTRO

"**B**ueno, eso es todo por el día de hoy," dijo Dr. Pren.

"Cuénteme un poco más, por favor," dijo Jorge.

"Ya estoy cansado. Tendrás que regresar mañana. Prometo que te llevarás muchas sorpresas más," dijo Dr. Pren.

"No me gustan las sorpresas," dijo Jorge.

"Mi vida está llena de sorpresas. Si no te gustan las sorpresas, será mejor que ya no te cuente más de mi vida," dijo Dr. Pren.

"Está bien, esperaré hasta mañana," dijo Jorge, "Pero parece que todavía no me ha contado mucho."

"Todo a su tiempo. Hasta mañana," dijo Dr. Pren.

"Está bien," dijo Jorge.

La puerta principal de la cabaña se abrió por sí sola.

Jorge salió de la cabaña y la puerta se cerró detrás de él.

Jorge caminó hacia su casa. El aire húmedo de la noche mojaba su cara. El silencio y la oscuridad de la noche cobijaban su entorno. Jorge estaba tan distraído pensando en lo que le acababa de contar Dr. Pren que no se dio cuenta de que alguien se acercaba a él.

Jorge chocó con la persona. La persona cayó al suelo. Tardó unos segundos para que Jorge se diera cuenta de lo que había pasado. Jorge ayudó a la persona a ponerse de pie.

"Lo siento, por favor perdóneme. Es que estoy teniendo una semana muy alocada y . . ." empezó a decir Jorge cuando la persona lo interrumpió.

"No se preocupe," dijo la persona.

La voz de la persona era de un hombre, pero no se podía ver su rostro en la oscuridad. Jorge siguió caminando como si nada hubiera pasado. Mientras Jorge desaparecía en la distancia, la persona volteó y clavó su mirada fijamente en la cabaña de Dr. Pren con su ojo de serpiente.

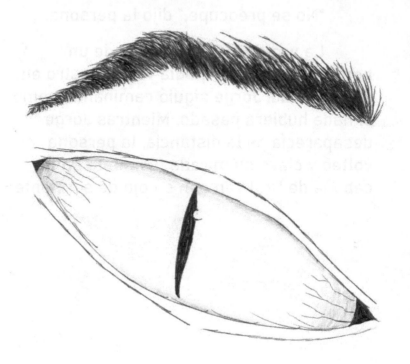

CONTINUARÁ . . .

Lee todos los libros escritos por
Máximo César Castellanos

Peter: Libro de Capítulos

~

La Búsqueda de Pie-Grande (Libro 1)

La Guerra de los Esqueletos (Libro 2)

El Duende Rojo (Libro 3)

Los Fantasmas en Mi Ático (Libro 4)

El Pantano Embrujado (Libro 5)

~

Dr. Pren y Los Días De Su Infancia
(Libro 1)

Dr. Pren y El Ataque De Los Gérmenes
(Libro 2)

SOBRE EL AUTOR

Máximo nació en Delaware.

A la edad de 3 años, Máximo empezó a crear historias através de dibujos. A la edad de 4 años, Máximo descubrió los comics. Una vez que Máximo aprendió a leer y a escribir, empezó a escribir libros de capítulos. Máximo ahora tiene 12 años de edad. Le gusta leer historias, inventar historias, y escribir historias. También, le gusta crear ilustraciones, comics, y cortometrajes.

CPSIA information can be obtained
at www.ICGtesting.com
Printed in the USA
BVHW012110060921
615981BV00019B/246